AF232274

AU ROI
EN SON CONSEIL.

AU ROI

EN SON CONSEIL.

Sire,

Permettez-moi de recourir très-humblement à la justice de Votre Majesté, pour obtenir une modification à l'article 4 de la loi concernant les brevets d'invention, qui porte que tout inventeur qui, dans l'espace de deux ans, à compter de la date de sa patente, n'aura point mis sa découverte en activité, et qui n'aura point justifié des raisons de son inaction, sera déchu de sa patente.

Je me trouve, Sire, dans cette fâcheuse position, relativement au brevet que j'ai pris pour exécuter des ponts en fer et en bois. Les premiers en fer, suivant mon système, sont cinq fois moins coûteux que les ponts construits en pierre; et les seconds en bois, dans le même système, coûteraient dix fois moins que les mêmes en pierre.

Ma situation, Sire, est bien différente de celle des autres propriétaires de brevets; je n'ai pas assez de fortune pour faire exécuter à mes frais un seul des ponts que j'ai proposés et qui puisse prouver la bonté de mon système, dont j'ai fait connaître tous les avantages dans l'adresse ci-jointe que j'ai publiée il y a neuf mois, système qui, depuis long-temps, a reçu l'approbation du conseil des ponts et chaussées, ainsi que des Ingénieurs et des artistes les plus célèbres. J'avais, dans cette adresse, proposé de faire construire, pour la somme de 200,000 francs, le pont de la Cité, tout en fer, excepté le plancher, sur lequel sont incrustées les quatre plates-bandes en fer pour le roulage des voitures; je n'ai reçu aucune réponse sur cette proposition.

Lorsque j'ai vu que l'on fermait ce pont pour le réparer, j'ai renouvelé ma proposition à M. le Directeur des ponts et chaussées, qui m'a fait l'honneur de me répondre « que d'après l'avis de son conseil » d'administration, il a pris un arrêté pour » la construction d'un pont provisoire, en » remplacement de celui de la Cité, qui a

» pour objet de fournir à la fois, d'une ma-
» nière économique et prompte, un moyen
» de traverser la Seine sur un point où la
» circulation est extrêmement active, et
» qu'elle satisfait à ce que désirait la com-
» pagnie des trois ponts de Paris, qui per-
» çoit le péage établi sur celui de la Cité,
» et permet d'ajourner encore, pendant
» plusieurs années, l'établissement définitif
» du pont qui doit remplacer celui qu'on
» est dans la nécessité de démolir. »

Quant à la prompte exécution annoncée dans cette lettre, je n'aurais pas de peine à convaincre Votre Majesté que, si l'on eût accepté ma proposition il y a neuf mois, j'aurais préparé tous les fers et le plancher de mon pont, avant de démolir celui qui existait, pour y laisser passer jusqu'au moment de poser le miens, ce qui aurait été effectué en moins d'un mois, et qu'ainsi il y en aurait au moins quatre que mon pont serait en état de servir au passage des plus lourdes voitures, et par conséquent des gens de pied. Il y aurait donc eu célérité et en même temps une grande économie, puisqu'avec 200,000 francs on aurait évité la dépense d'un million à 1,200,000 francs que coûtera le pont de pierre. Mais ce qui paraît plus étonnant aux artistes, c'est d'avoir établi ce pont provisoire, sur lequel les voitures ne passent pas, dans le même emplacement où devra être construit celui de pierre; de sorte que pour commencer celui-ci il faudra démolir ce pont provisoire, dont les bois seront hors d'état de servir, pour le reconstruire à côté, ce qui occasionera en démolition et en reconstruction de deux ponts seulement provisoires, une dépense à peu près égale à celle du pont définitif en fer, que j'ai proposé il y a neuf mois.

J'ignore, Sire, combien d'années doivent s'écouler avant qu'il soit permis de s'occuper de cette construction, qui durera au moins deux ou trois ans; mais pour peu que l'ajournement soit de neuf à dix années, en y ajoutant celles de la bâtisse du pont en pierre, ce sera donc à peu près douze ans de perte pour la compagnie des ponts. Ainsi il ne paraît pas vraisemblable que cette compagnie, qui ne recevra que le péage des gens de pied, soit satisfaite d'un arrêté aussi défavorable que celui qu'a pris M. le Directeur des ponts et chaussées. Votre Majesté daignera observer que si je n'ai pas exécuté encore mon système de pont, ce n'est pas ma faute, et que, par conséquent, je ne dois pas perdre le droit que m'attribue le brevet d'invention, que j'ai pris pour quinze ans, dont Messieurs des ponts et chaussées s'efforcent de rendre l'effet nul, par une suite d'oppositions qui fassent écouler les deux années fixées par la loi.

Permettez, Sire, que j'expose ici à Votre Majesté une autre preuve non moins évidente de l'opposition dont je me plains, en vous suppliant de prendre connaissance de la lettre que m'a écrite le maire de Samoiseau, près Fontainebleau, et de ce qui s'ensuit :

Monsieur,

« Je vois, par mon journal, que vous avez
» inventé une nouvelle construction de
» ponts, que cette méthode est plus éco
» nomique et plus solide par sa nature,
» lors des débâcles des glaces. Je suis dis
» posé à former une compagnie pour l'a

» chèvement du pont de Valvins, sur la
» Seine, à une lieue de Fontainebleau. Cette
» entreprise présente de grands avantages,
» tant pour cet arrondissement que pour
» la conservation et l'exploitation des bois
» de S. M., situés sur la rive droite de la
» Seine, ainsi que pour les agrémens de la
» chasse royale, puisque l'année dernière
» le duc d'Angoulême fut obligé de faire
» dix lieues pour s'y rendre, et que le 26
» du mois dernier le duc de Berry fut obli-
» gé de passer le bac dont la corde avait
» cassé deux heures auparavant, et comme
» S. A. R. ne sait pas nager, elle était dis-
» posée à se fier sur l'habileté de son che-
» val. C'est par ces motifs que l'administra-
» tion de la liste civile prend beaucoup
» d'intérêt à l'entière confection de ce pont,
» et qu'elle nous a promis de nous faire
» accorder les bois qui nous sont nécessai-
» res. Les Ingénieurs des ponts et chaussées
» ont dressé deux devis pour l'achèvement
» de ce pont, dont les culées sont faites;
» l'un, avec les piles en pierre, aurait cinq
» arches; l'autre, avec les piles en bois, en
» aurait neuf. Ne les ayant pas vus, je ne

» puis vous dire au juste l'estimation pré-
» sumée de ces deux projets. J'ai contribué
» à les faire finir, ayant fait une soumis-
» sion de former une compagnie qui four-
» nirait 70 à 80,000 fr., moyennant le droit
» de péage actuel, non compris les bois que
» pourrait donner S. M., ainsi que les tra-
» vaux déjà faits, et les matériaux restés
» sur place, qu'on estime à 40,000 fr. envi-
» ron, mais qui ne les valent pas. M. le préfet
» m'a dit avoir envoyé ces deux projets au
» Ministre de l'intérieur, qui les a fait passer
» à M le comte de Pradel, directeur de la mai-
» son du Roi. La distance entre les culées est
» de 112 mètres 40 centimètres : les pieux de
» la première pile, près la rive gauche, sont
» posés; le lit de la Seine, dans cet endroit,
» présente moins d'inconvéniens et plus de
» facilités que celui du pont de la Cité.

« Il me semble que, d'après votre mé-
» thode, on pourrait faire ce pont avec
» trois arches, puisqu'il n'y a que 112 mètres
» 40 centimètres d'une culée à l'autre,
» avantage bien précieux dans cet endroit,
» où la tirée de la rivière présente beaucoup
» de glaces dans les débâcles. Je vous prie

» de me dire si ces données suffisent pour
» me donner un aperçu de la dépense ap-
» proximative, pour l'achèvement, d'après
» votre méthode, y compris la fourniture
» des bois, que nous espérons obtenir de
» Sa Majesté. Je vous prie de m'honorer
« d'une réponse, et d'agréer les sentimens
» de la plus haute considération, etc., etc.»

Signé MACEY, maire de Samoiseau.

Au reçu de cette lettre, Sire, je me suis transporté au pont de Valvins pour en connaître les objets, ainsi que pour prendre la hauteur des plus basses et des plus grandes eaux. De retour à Paris, je me suis occupé de deux projets pour ce pont, que j'ai composé de trois piles, l'un pour être exécuté en fer avec les piles en pierre, et l'autre pour être construit tout en bois, à l'exception des aubans qui doivent toujours être en fer, ainsi que les plates-bandes du plancher pour le roulage des voitures. J'ai fait les devis de ces projets, qui portent à 400,000 fr. la dépense du pont en fer avec piles en pierre, et à 200,000 fr. celui en bois : j'ai envoyé ce résultat à M. le maire, en le priant de me procurer le devis de M. l'Ingénieur; mais il n'a pu l'obtenir, ce qui lui a fait prendre le parti d'écrire au Ministre de l'Intérieur pour le prier de vouloir bien me communiquer le devis et les plans du pont de Valvins, qui intéresse la Famille Royale, les propriétaires de cet arrondissement, et le commerce.

J'ai demandé ces mêmes plans et devis au chef des bureaux du ministère chargé de cette partie, qui m'a dit les avoir envoyés à M. le comte de Pradel. Il est facile de concevoir que le pont en bois de M. l'Ingénieur, composé de neuf arches, doit être infiniment plus coûteux que le mien, composé seulement de trois piles, et qui ne craindrait pas la débâcle des glaces, et que le pont de M. l'Ingénieur coûterait au moins 15 à 16,000,000 fr. les culées étant faites, somme bien différente des 400,000 fr. que coûterait le pont en fer que je propose. Je ne puis concevoir pourquoi M. l'Ingénieur s'oppose à l'exécution de mon projet économique : le Ministre de l'Intérieur ayant écrit à M. le comte de Pradel que le pont de Valvins ne se trouvant point placé sur une des grandes communications du royaume, les fonds destinés aux dépenses publiques ne pouvaient concourir à cette entreprise qui intéressait spécialement le domaine privé du Roi et la ville de Fontainebleau.

D'après cette déclaration, il me semble que M. le comte de Pradel devait saisir cette occasion pour faire exécuter un pont qui satisferait votre Majesté, les Princes de la famille Royale, et servirait de modèle pour construire les ponts réclamés par tous les départemens; ce qui procurerait au Gouvernement une économie de plusieurs centaines de millions. Je ne peux douter que le corps des ponts et chaussées n'ait fait insinuer à M. le comte de Pradel que mon système de ponts n'est pas admisible, parce que la moindre voiture ferait casser les aubans, qui n'ont que trente-six lignes de largeur sur dix-huit d'épaisseur, qui soutiennent le plancher, et que ce serait d'ailleurs une chose fort ridicule, que de voir soutenir en l'air un plancher de pont, sans arcades au-dessous. Cependant, cette idée prétendue ridicule, m'est venue lorsque j'étais architecte de la ville; j'ai proposé à

M. le prévôt des marchands de me faire
construire un pont pour les gens de pied,
devant les Invalides, pour passer aux
Champs Elysées; je lui dis que je le compo-
serais des armes de Paris, qui sont un *vais-
seau*; que j'en mettrais six qui seraient
censés être à l'ancre, et que les vergues de
ces vaisseaux, soutenues par des fers atta-
chés aux mâts, formeraient les têtes de
mon pont, ce quiui parut fort ingénieux.
Voilà, Sire, ce qui m'a donné l'idée de mon
système de ponts; ce n'est sans doute que le
corps des Ingénieurs des ponts et chaussées,
que je dois accuser d'avoir rejeté ce système, puisque le Conseil de M. le Directeur
l'a approuvé, et qu'il a bien voulu m'en en-
voyer l'arrêté. Mais pour faire cesser les
craintes qu'on a inspirées à M. le comte
de Pradel, j'ai l'honneur de lui proposer de
me faire faire une expérience sur une seule
travée de mon pont, ce qui ne sera pas
coûteux, puisqu'il n'y aura que la façon à
payer, et que les fers et les bois pourront
resservir. Cette expérience pourra se faire
sur un terrain plat, pour éviter la dépense
d'une pile; le plancher sera suspendu à un

pied ou deux de terre, et je ferai passer dessus autant de voitures chargées de pierre que l'on désirera. Si cette épreuve ne réussit pas, alors le corps de MM. les Ingénieurs aura complétement raison; mais comme je suis persuadé du contraire, ainsi que les plus célèbres artistes qui m'ont approuvé, alors M. le comte de Pradel jouira seul de l'honneur d'avoir contribué à faire réussir un nouveau système de ponts, qui évitera au Gouvernement des dépenses énormes, ainsi que tous les malheurs causés par les débordemens dont les récits remplissent si souvent les journaux.

J'ose espérer, Sire, que, prenant en considération les puissans motifs d'économie et d'intérêt public que j'ai l'honneur de soumettre à Votre Majesté, vous daignerez m'accorder la modification que je réclame à l'article 4 de la loi concernant les brevets d'invention.

De l'Imprimerie de PLASSAN, rue de Vaugirard, n° 15.